한글사경

금강경

화엄북스

사경 공덕

사경의 공덕은 모든 중생들이 청정한 마음으로 불경을 옮겨 써서
수지하고 독송하며 남을 위하여 설하여 주면 윤회의 고통으로부터 벗어난다고 하였다.
또한 사경을 한 불경을 불상과 불탑에 공양을 하면 부처님의 보호와 위신력으로
일체의 재앙이 소멸되고 현세에는 복락을 성취한다고 한다.

"만약 어떤 사람이 경전을 사경, 수지, 해설하면 대원을 성취한다."
－『법화경』「법사공덕품」

"보현아, 만일 경전을 받아가지고 읽고 외우며 바르게 기억하고 닦고 익히며 옮겨 쓰는
이가 있으면, 마땅히 알라. 이 사람은 석가모니 부처님을 만나 뵙고 부처님의 입으로부터
직접 경전을 설하심을 들은 것과 같으니라"
－『법화경』「보현보살권발품」

"무수한 세월 동안 물질로 보시를 한 공덕보다 경전을 사경, 수지, 독송하여 다른
사람들을 위하여 해설을 한 공덕이 더 수승하다.
－『금강경』「지경공덕분」

"반야경을 사경한 공덕이 탑을 조성한 공덕보다 수승하다.
－『도행반야경』「탑품」

그렇다면 사경을 하게 되면 어떤 이익이 있을까?
다음과 같은 몇 가지로 요약을 해볼 수 있을 것이다.
산란심이 사라지고 마음이 안정된다.
심신이 정화되어 몸이 건강해진다.
번뇌가 사라지고 지혜가 자라난다.
부처님의 가르침을 깊이 이해하게 된다.
불법의 인연에 감사하고 생활이 즐거워진다.
부처님의 가호로 고통과 번뇌가 사라지고 발원한 일들이 성취된다.
깊은 믿음과 굳건한 신념이 생긴다.

사경 정진

사경이란 경전을 옮겨 쓰는 것을 말한다.

경전은 부처님께서 설하신 진리의 말씀이기 때문에 깨끗한 마음으로 정성을 다하여

사경에 임하는 일은 부처님의 마음을 가장 깊이 느끼고 이해할 수 있는 기도며 수행이다.

경전 속의 문자나 진언, 염불, 변상도 등은 단순한 문자나 그림이 아니라

중생들의 본성과 부처님의 마음을 여실하게 표현한 것이다.

예로부터 큰스님들은 경전의 한 글자 한 글자에 모두 부처님께서 함께하신다고 생각하여

사경을 할 때는 한자를 쓰고 삼배를 올리는 일자 삼배의 수행으로 사경을 하셨다.

사경의 신앙은 경전의 뜻을 보다 깊이 이해하는 의미도 크지만 자신의 원력을

사경속에 담아서 신심을 키워 나가는 데 그 목적이 있다고 하겠다.

우리에게 지혜와 자비의 길을 설하신 부처님의 가르침을 눈으로 읽고

소리를 내어서 염송하고 마음으로 이해를 한 뒤에 온 신경을 집중하고 정성을 다하여

사경에 임할때 부처님께서 자기와 함께하는 경건함과 환희로움을 체험할 수 있다.

엄숙한 분위기에서 조용히 정좌하고 호흡을 가다듬어 정신을 통일한 뒤

정성드려 행하는 사경은 번뇌와 미혹의 마음을 벗어나 청정한 심신이 되어

부처님의 마음과 통하게 된다. 부처님의 마음과 자기의 마음이 하나로 통하게 되면

지혜의 빛이 우리의 마음 속 깊이 스며들어 온다. 그때 몸과 마음의 안락과 함께 행복을

느끼면서 모든 이웃의 존재에 대한 자비심이 일어나게 된다.

이것이 진정한 사경의 신앙이다.

사경관념문

물은 대자비로 흐르는 지혜의 물이요. 먹은 깊은 선정의 굳은 먹입니다. 선정의 먹으로
지혜의 물을 갈아서, 실상법신의 문자를 옮겨 씁니다.
이 문자는 삼세제불의 깊고 깊은 가르침이며 모든 부처님의 진실한 참모습입니다.
이 말씀은 선정과 지혜의 법문이니 나와 남을 위하는 공덕이 두루 갖춰져 있습니다.
이 경의 말씀은 온 누리의 모든 중생들을 살펴보아 근기에 맞춰 설법해 널리 이웃을
이롭게 합니다. 이런 까닭에 제가 지금 경전의 사경을 봉행합니다. 원컨대 이 공덕으로
저와 더불어 온 누리의 모든 중생들이 끝없이 옛적부터 지어온 몸과 입과 마음으로
지어온 모든 죄업과 허물들이 남김없이 소멸되고 발원하는 모든 일들이 원만하게
성취되며, 정념으로 실상을 관하고 불도를 깨달아 윤회의 바다를 벗어나게 하여지이다.

입정·사경

주변을 깨끗이 정돈하고 몸과 마음을 청정하게 한다. 정좌하여 자세를 바르게 하고
호흡을 가다듬는다. 입정·사경한다. 발원문을 읽고 불전에 삼배한다.

회향문

사경 공덕 무량하여 삼업 중죄 소멸되니
몸과 마음 굳게 가져 보리심을 발합니다.
세세생생 보살의 길 나아가기 원하오니
시방삼세 부처님이시여 증명하여 주옵소서.

사홍서원

중생을 다 건지오리다. 번뇌를 다 끊으오리다.
법문을 다 배우오리다. 불도를 다 이루오리다.

자성중생을 다 건지오리다. 자성번뇌를 다 끊으오리다.
자성법문을 다 배우오리다. 자성불도를 다 이루오리다.

불자가 경상에 앉아서 경전을 읽거나 사경을 하게 되면 호법신장이 항상 그 사람의 곁을 떠나지 않고 보호하여주며 산란하던 마음이 안정되고 지혜가 생기므로 생활이 안정되고 어려운 일들이 차츰 없어지고 해결이 되며 화합과 기쁨이 넘치는 가정이 된다.

사경 순서

삼귀의

사경발원문
시방세계의 모든 부처님과 보살님께 발원하옵니다. 오늘 저희들은 지극한 마음으로 사경을 봉행하오니 이 경전을 쓰는 공덕이 무량하여 선망부모가 왕생극락하고 다겁생래로 지어온 모든 죄업이 소멸되어 위없는 깨달음을 얻게 하소서.
그리고 지금 이루어지는 이 경전이 미래세가 다하도록 없어지지 않아 이후 모든 이웃들이 이 경전을 보면 환희심을 내고 불법을 깊이 깨달아 구경에 성불하기를 발원하옵니다.

참회문
한량없는 옛적부터 내가지은 모든 악업, 탐착심과 증오심과 미혹으로 생기었고, 몸과 입과 뜻을 따라 무명으로 지었기에 부처님께 진심으로 참회하고 비옵니다.

참회진언
"옴 살바 못자모지 사다야 사바하"(세번)

십념
청정법신 비로자나불, 원만보신 노사나불, 천백억화신 석가모니불, 당래하생 미륵존불
시방삼세 일체제불, 시방삼세 일체존법, 대지문수 사리보살, 대행 보현보살
대비 관세음보살, 제존보살마하살 마하반야바라밀

금강경(金剛經)

『금강반야바라밀경(金剛般若波羅蜜經)』은 대한불교조계종의 소의 경전이다.

줄여서 금강경 또는 금강반야경이라고도 부른다.

석가모니부처님에 의해 설해진, 공사상이 깊이 있게 다루어진 대승불교의 대표경전이다.

402년 중국의 구마라집(鳩摩羅什)에 의해 한자로 번역되었다.

금강반야바라밀경은 원래 산스크리트어로 쓰였으며 구마라습이 한역하였다.

금강은 다이아몬드를 뜻하며 견고하고 날카롭다는 의미를 지녔다.

반야는 지혜를 뜻하고 바라밀은 바라밀다의 줄임말로 '저쪽 언덕으로 건너가는 것',

즉 도피안(到彼岸) 또는 열반을 뜻하는 말이다.

그러므로 금강반야바라밀다경은 금강석과 같이 견고한 지혜를 얻어 무명을 타파하고 열반에

이르라는 부처님의 말씀이다.

석가모니부처님께서 사위국의 기수급고독원에서 제자인 수보리와 문답 형식의 대화를

주고받는 것으로 되어있다.

석가모니부처님은 수보리의 질문에 답하여 보살이 마땅히 이루어야 할 것에 대해 답하고

여러 가지 예를 들어 세상이 공(空)임을 설하신다.

금강경의 주요 경구는 석가모니부처님이 수보리에게 들려준 다음의 사구게로 꼽힌다.

凡所有相 皆是虛妄 若見諸相非相 卽見如來

범소유상 개시허망 약견제상비상 즉견여래

무릇 존재하는 모든 상(相)은 모두 허망한 것이니

모든 상이 상이 아님[非相]을 안다면 바로 여래를 보리라.

사 경 시 작 한 날   년   월   일

두 손 모 음

금강경 (확고한 지혜의 완성에 이르는 길)

1. 법회의 인연

이와 같이 나는 들었습니다.

어느 때 부처님께서 거룩한 비구 천이백오십 명과 함께 사위국 기수급고독원에 계셨습니다.

그때 세존께서는 공양 때가 되어 가사를 입고 발우를 들고 걸식하고자 사위대성에 들어 가셨습니다.

성 안에서 차례로 걸식하신 후 본래의 처소로 돌아와 공양을 드신 뒤 가사와 발우를 거두고 발을 씻으신 다음 자리를 펴고 앉으셨습니다.

2. 수보리가 법을 물음

그때 대중 가운데 있던 수보리 장로가 자리에서 일어나 오른쪽 어깨를 드러내고 오른 무릎을 땅에

대며 합장하고 공손히 부처님께 여쭈었습니다.

"경이롭습니다, 세존이시여!

여래께서는 보살들을 잘 보호해 주시며 보살들을 잘 격려해 주십니다. 세존이시여! 가장 높고 바른 깨달음을 얻고자 하는 선남자 선여인이 어떻게 살아야 하며 어떻게 그 마음을 다스려야 합니까?"

부처님께서 말씀하셨습니다.

"훌륭하고 훌륭하다. 수보리여! 그대의 말과 같이 여래는 보살들을 잘 보호해 주며 보살들을 잘 격려해 준다.

그대는 자세히 들어라. 그대에게 설하리라.

가장 높고 바른 깨달음을 얻고자 하는 선남자 선여인은 이와 같이 살아야 하며 이와 같이 그 마음을 다스려야 한다."

"예, 세존이시여!"라고 하며 수보리는 즐거이
듣고자 하였습니다.

3. 대승의 근본 뜻

부처님께서 수보리에게 말씀하셨습니다.

"모든 보살마하살은 다음과 같이 그 마음을
다스려야 한다.

'알에서 태어난 것이나, 태에서 태어난 것이나,
습기에서 태어난 것이나, 변화하여 태어난 것이나,
형상이 있는 것이나, 형상이 없는 것이나, 생각이
있는 것이나, 생각이 없는 것이나, 생각이 있는
것도 아니고 없는 것도 아닌 온갖 중생들을 내가
모두 완전한 열반에 들게 하리라.

이와 같이 헤아릴 수 없이 많은 중생을 열반에 들게 하였으나, 실제로는 완전한 열반을 얻은 중생이 아무도 없다.'

왜냐하면 수보리여! 보살에게 자아가 있다는 관념, 개아가 있다는 관념, 중생이 있다는 관념, 영혼이 있다는 관념이 있다면 보살이 아니기 때문이다."

4. 집착 없는 보시

"또한 수보리여! 보살은 어떤 대상에도 집착 없이 보시해야 한다. 말하자면 형색에 집착 없이 보시해야 하며 소리, 냄새, 맛, 감촉, 마음의 대상에도 집착 없이 보시해야 한다.

수보리여! 보살은 이와 같이 보시하되 어떤

대상에 대한 관념에도 집착하지 않아야 한다.

왜냐하면 보살이 대상에 대한 관념에 집착 없이

보시한다면 그 복덕은 헤아릴 수 없기 때문이다.

수보리여! 그대 생각은 어떠한가? 동쪽 허공을

헤아릴수 있겠는가?"

"없습니다, 세존이시여!"

"수보리여! 남서북방, 사이사이, 아래위 허공을

헤아릴 수 있겠는가?"

"없습니다, 세존이시여!"

"수보리여! 보살이 대상에 대한 관념에 집착하지

않고 보시하는 복덕도 이와 같이 헤아릴 수 없다.

수보리여! 보살은 반드시 가르친 대로 살아야

한다."

5. 여래의 참 모습

"수보리여! 그대 생각은 어떠한가? 신체적 특징을 가지고 여래라고 볼 수 있는가?"

"없습니다, 세존이시여! 신체적 특징을 가지고 여래라고 볼 수는 없습니다. 왜냐하면 여래께서 말씀하신 신체적 특징은 바로 신체적 특징이 아니기 때문입니다."

부처님께서 수보리에게 말씀하셨습니다.

"신체적 특징들은 모두 헛된 것이니 신체적 특징이 신체적 특징 아님을 본다면 바로 여래를 보리라."

6. 깊은 믿음

수보리가 부처님께 여쭈었습니다.

"세존이시여! 이와 같은 말씀을 듣고 진실한 믿음을 내는 중생들이 있겠습니까?"

부처님께서 수보리에게 말씀하셨습니다.

"그런 말 하지 말라. 여래가 열반에 든 오백년 뒤에도 계를 지니고 복덕을 닦는 이는 이러한 말에 신심을 낼 수 있고 이것을 진실한 말로 여길 것이다.

이 사람은 한 부처님이나 두 부처님, 서너 다섯 부처님께 선근을 심었을 뿐만 아니라 이미 한량없는 부처님 처소에서 여러 가지 선근을 심었으므로 이 말씀을 듣고 잠깐이라도 청정한 믿음을 내는 자임을 알아야 한다.

수보리여! 여래는 이러한 중생들이 이와 같이 한량없는 복덕 얻음을 다 알고 다 본다. 왜냐하면

이러한 중생들은 다시는 자아가 있다는 관념, 개아가 있다는 관념, 중생이 있다는 관념, 영혼이 있다는 관념이 없고, 법이라는 관념이 없으며 법이 아니라는 관념도 없기 때문이다.

왜냐하면 이러한 중생들이 마음에 관념을 가지면 자아·개아·중생·영혼에 집착하는 것이고 법이라는 관념을 가지면 자아·개아·중생·영혼에 집착하는 것이기 때문이다.

왜냐하면 법이 아니라는 관념을 가져도 자아·개아·중생 영혼에 집착하는 것이기 때문이다. 그러므로 법에 집착해도 안 되고 법 아닌 것에 집착해서도 안 된다.

그러기에 여래는 늘 설했다. 너희 비구들이여! 나의 설법은 뗏목과 같은 줄 알아라. 법도 버려야 하거늘 하물며 법 아닌 것이랴!"

7. 깨침과 설법이 없음

"수보리여! 그대 생각은 어떠한가? 여래가 가장 높고 바른 깨달음을 얻었는가? 여래가 설한 법이 있는가?"

수보리가 대답하였습니다.

"제가 부처님께서 말씀하신 뜻을 이해하기로는 가장 높고 바른 깨달음이라 할 만한 정해진 법이 없고, 또한 여래께서 설한 단정적인 법도 없습니다.

왜냐하면 여래께서 설한 법은 모두 얻을 수도 없고 설할 수도 없으며, 법도 아니고 법아님도 아니기 때문입니다. 그것은 모든 성현들이 다 무위법 속에서 차이가 있는 까닭입니다."

8. 부처와 깨달음의 어머니 금강경

"수보리여! 그대 생각은 어떠한가? 어떤 사람이 삼천대천 세계에 칠보를 가득 채워 보시한다면 이 사람의 복덕이 진정 많겠는가?"

수보리가 대답하였습니다.

"매우 많습니다, 세존이시여! 왜냐하면 이 복덕은 바로 복덕의 본질이 아닌 까닭에 여래께서는 복덕이 많다고 하셨기 때문입니다."

"다시 어떤 사람이 이 경의 사구게 만이라도 받고 지니고 다른 사람을 위해 설해 준다고 하자. 그러면 이 복이 저 복보다 더 뛰어나다.

왜냐하면 수보리여! 모든 부처님과 모든 부처님의 가장 높고 바른 깨달음의 법은 다 이 경에서 나왔기 때문이다. 수보리여! 부처의 가르침이라고 말하는 것은 부처의 가르침이 아니다."

　9. 관념과 그 관념의 부정

　"수보리여! 그대 생각은 어떠한가? 수다원이

'나는 수다원과를 얻었다.'고 생각하겠는가?"

　수보리가 대답하였습니다.

　"아닙니다, 세존이시여! 왜냐하면 수다원은

'성자의 흐름에 든 자'라고 불리지만 들어간 곳이

없으니 형색, 소리, 냄새, 맛, 감촉, 마음의 대상에

들어가지 않는 것을 수다원이라 하기 때문입니다."

　"수보리여! 그대 생각은 어떠한가? 사다함이

'나는 사다함과를 얻었다.'고 생각하겠는가?"

　수보리가 대답하였습니다.

　"아닙니다, 세존이시여! 왜냐하면 사다함은 '한

번만 돌아올 자'라고 불리지만 실로 돌아옴이

없는 것을 사다함이라 하기 때문입니다."

　"수보리여! 그대 생각은 어떠한가? 아나함이

'나는 아나함과를 얻었다.'고 생각하겠는가?"

　수보리가 대답하였습니다.

　"아닙니다, 세존이시여! 왜냐하면 아나함은

'되돌아 오지 않는 자'라고 불리지만 실로

되돌아오지 않음이 없는 것을 아나함이라 하기

때문입니다."

　"수보리여! 그대 생각은 어떠한가? 아라한이

'나는 아라한의 경지를 얻었다.'고 생각하겠는가?"

　수보리가 대답하였습니다.

　"아닙니다, 세존이시여! 왜냐하면 실제

아라한이라 할 만한 법이 없기 때문입니다.

세존이시여! 아라한이 '나는 아라한의 경지를 얻었다.'고 생각한다면 자아·개아·중생·영혼에 집착하는 것입니다.

세존이시여! 부처님께서 저를 다툼 없는 삼매를 얻은 사람 가운데 제일이고 욕망을 여읜 제일가는 아라한이라고 말씀하셨습니다. 저는 '나는 욕망을 여읜 아라한이다.'라고 생각하지 않습니다.

세존이시여! 제가 '나는 아라한의 경지를 얻었다.'고 생각한다면 세존께서는 '수보리는 적정행을 즐기는 사람이다. 수보리는 실로 적정행을 한 것이 없으므로 수보리는 적정행을 즐긴다고 말한다.'라고 설하지 않으셨을 것입니다."

10. 불국토의 장엄

부처님께서 수보리에게 말씀하셨습니다.

"그대 생각은 어떠한가? 여래가 옛적에 연등부처님 처소에서 법을 얻은 것이 있는가?"

"없습니다, 세존이시여! 여래께서 연등부처님 처소에서 실제로 법을 얻은 것이 없습니다."

"수보리여! 그대 생각은 어떠한가? 보살이 불국토를 아름답게 꾸미는가?"

"아닙니다, 세존이시여! 왜냐하면 불국토를 아름답게 꾸민다는 것은 아름답게 꾸미는 것이 아니므로 아름답게 꾸민다고 말하기 때문입니다."

"그러므로 수보리여! 모든 보살마하살은 이와 같이 깨끗한 마음을 내어야 한다. 형색에 집착하지 않고 마음을 내어야 하고 소리, 냄새, 맛, 감촉,

마음의 대상에도 집착하지 않고 마음을 내어야 한다. 마땅히 집착 없이 그 마음을 내어야 한다.

수보리여! 어떤 사람의 몸이 산들의 왕 수미산만큼 크다면 그대 생각은 어떠한가? 그 몸이 크다고 하겠는가?"

수보리가 대답하였습니다.

"매우 큽니다, 세존이시여! 왜냐하면 부처님께서는 몸 아님을 설하셨으므로 큰 몸이라 말씀하셨기 때문입니다."

11. 무위법의 뛰어난 복덕

"수보리여! 항하의 모래 수만큼 항하가 있다면 그대 생각은 어떠한가? 이 모든 항하의 모래 수는 진정 많다고 하겠는가?"

수보리가 대답하였습니다.

"매우 많습니다, 세존이시여! 항하들만

해도 헤아릴 수 없이 많은데 하물며 그것의

모래이겠습니까?"

"수보리여! 내가 지금 진실한 말로 그대에게

말한다. 선남자 선여인이 그 항하 모래 수만큼의

삼천대천세계에 칠보를 가득 채워 보시한다면 그

복덕이 많겠는가?"

수보리가 대답하였습니다.

"매우 많습니다, 세존이시여!"

부처님께서 수보리에게 말씀하셨습니다.

"선남자 선여인이 이 경의 사구게 만이라도 받고

지니고 다른 사람을 위해 설해 준다면 이 복이 저

복보다 더 뛰어나다."

12. 올바른 가르침의 존중

"또한 수보리여! 이 경의 사구게만이라도 설해지는 곳곳마다 어디든지 모든 세상의 천신·인간·아수라가 마땅히 공양할 부처님의 탑묘 임을 알아야 한다. 하물며 이 경 전체를 받고 지니고 읽고 외우는 사람이랴!

수보리여! 이 사람은 가장 높고 가장 경이로운 법을 성취할 것임을 알아야 한다. 이와 같이 경전이 있는 곳은 부처님과 존경받는 제자들이 계시는 곳이다."

13. 이 경을 수지하는 방법

그때 수보리가 부처님께 여쭈었습니다.

"세존이시여! 이 경을 무엇이라 불러야 하며

저희들이 어떻게 받들어 지녀야 합니까?"

부처님께서 수보리에게 말씀하셨습니다.

"이 경의 이름은 '금강반야바라밀'이니, 이 제목으로 너희들은 받들어 지녀야 한다.

그것은 수보리여! 여래는 반야바라밀을 반야바라밀이 아니라 설하였으므로 반야바라밀이라 말한 까닭이다.

수보리여! 그대 생각은 어떠한가?

여래가 설한 법이 있는가?" 수보리가 부처님께 말씀드렸습니다.

"세존이시여! 여래께서는 설하신 법이 없습니다."

"수보리여! 그대 생각은 어떠한가? 삼천대천세계를 이루고 있는 티끌이 많다고 하겠는가?"

수보리가 대답하였습니다.

"매우 많습니다, 세존이시여!"

"수보리여! 여래는 티끌들을 티끌이 아니라고 설하였 으므로 티끌이라 말한다. 여래는 세계를 세계가 아니라고 설하였으므로 세계라고 말한다.

수보리여! 그대 생각은 어떠한가? 서른두 가지 신체적 특징을 가지고 여래라고 볼 수 있는가?"

"없습니다, 세존이시여! 서른두 가지 신체적 특징을 가지고 여래라고 볼 수는 없습니다. 왜냐하면 여래께서는 서른두 가지 신체적 특징은 신체적 특징이 아니라고 설하셨으므로 서른두 가지 신체적 특징이라고 말씀 하셨기 때문입니다."

"수보리여! 어떤 선남자 선여인이 항하의 모래 수만큼 목숨을 보시한다고 하자. 또 어떤 사람이

이 경의 사구게 만이라도 받고 지니고 다른 사람을 위해 설해 준다고 하자. 그러면 이 복이 저 복보다 더욱 많으리라."

14. 관념을 떠난 열반

그때 수보리가 이 경 설하심을 듣고 뜻을 깊이 이해하여 감격의 눈물을 흘리며 부처님께 말씀 드렸습니다.

"경이롭습니다, 세존이시여! 제가 지금까지 얻은 혜안으로는 부처님께서 이같이 깊이 있는 경전 설하심을 들은 적이 없습니다.

세존이시여! 만일 어떤 사람이 이 경을 듣고 믿음이 청정해지면 바로 궁극적 지혜가 일어날 것이니, 이 사람은 가장 경이로운 공덕을 성취할 것임을 알아야 합니다.

　세존이시여! 이 궁극적 지혜라는 것은 궁극적
지혜가 아닌 까닭에 여래께서는 궁극적 지혜라고
말씀하셨습니다.

　세존이시여! 제가 지금 이 같은 경전을 듣고서
믿고 이해하고 받고 지니기는 어렵지 않습니다.
그러나 미래 오백년 뒤에도 어떤 중생이 이 경전을
듣고 믿고 이해하고 받고 지닌다면 이 사람은
가장 경이로울 것입니다.

　왜냐하면 이 사람은 자아가 있다는 관념,
개아가 있다는 관념, 중생이 있다는 관념, 영혼이
있다는 관념이 없기 때문입니다.

　그것은 자아가 있다는 관념은 관념이 아니며,
개아가 있다는 관념, 중생이 있다는 관념, 영혼이

있다는 관념은 관념이 아닌 까닭입니다.

왜냐하면 모든 관념을 떠난 이를 부처님이라

말하기 때문입니다."

부처님께서 수보리에게 말씀하셨습니다.

"그렇다, 그렇다. 만일 어떤 사람이 이 경을 듣고

놀라지도 않고 무서워하지도 않고 두려워하지도

않는다면 이 사람은 매우 경이로운 줄 알아야

한다.

왜냐하면 수보리여! 여래는 최고의 바라밀을

최고의 바라밀이 아니라고 설하였으므로 최고의

바라밀이라 말하기 때문이다.

수보리여! 인욕바라밀을 여래는 인욕바라밀이

아니라고 설하였다.

왜냐하면 수보리여! 내가 옛적에 가리왕에게 온

몸을 마디마디 잘렸을 때, 나는 자아가 있다는 관념, 개아가 있다는 관념, 중생이 있다는 관념, 영혼이 있다는 관념이 없었기 때문이다.

왜냐하면 내가 옛날 마디마디 사지가 잘렸을 때, 자아가 있다는 관념, 개아가 있다는 관념, 중생이 있다는 관념, 영혼이 있다는 관념이 있었다면 성내고 원망하는 마음이 생겼을 것이기 때문이다.

수보리여! 여래는 과거 오백 생 동안 인욕 수행자였는데 그때 자아가 있다는 관념이 없었고, 개아가 있다는 관념이 없었고, 중생이 있다는 관념이 없었고, 영혼이 있다는 관념이 없었다.

그러므로 수보리여! 보살은 모든 관념을 떠나 가장 높고 바른 깨달음의 마음을 내어야 한다.

형색에 집착 없이 마음을 내어야 하며 소리,

냄새, 맛, 감촉, 마음의 대상에도 집착 없이

마음을 내어야 한다. 마땅히 집착 없이 마음을

내어야 한다. 마음에 집착이 있다면 그것은 올바른

삶이 아니다. 그러므로 보살은 형색에 집착 없는

마음으로 보시해야 한다고 여래는 설하였다.

　　수보리여! 보살은 모든 중생을 이롭게 하기 위해

이와 같이 보시해야 한다. 여래는 모든 중생이란

관념은 중생이란 관념이 아니라고 설하고, 또

모든 중생도 중생이 아니라고 설한다.

　　수보리여! 여래는 바른 말을 하는 이고, 참된

말을 하는 이며, 이치에 맞는 말을 하는 이고,

속임 없이 말하는 이며, 사실대로 말하는 이다.

　　수보리여! 여래가 얻은 법에는 진실도 없고

거짓도 없다.

수보리여! 보살이 대상에 집착하는 마음으로 보시하는 것은 마치 사람이 어둠 속에 들어가면 아무것도 볼 수 없는 것과 같고, 보살이 대상에 집착하지 않는 마음으로 보시하는 것은 마치 눈 있는 사람에게 햇빛이 밝게 비치면 갖가지 모양을 볼 수 있는 것과 같다.

수보리여! 미래에 선남자 선여인이 이 경전을 받고 지니고 읽고 외운다면 여래는 부처의 지혜로 이 사람들이 모두 한량없는 공덕을 성취하게 될 것임을 다 알고 다 본다."

15. 경을 수지하는 공덕

"수보리여! 선남자 선여인이 아침나절에 항하의

모래 수만큼 몸을 보시하고, 점심나절에 항하의
모래 수만큼 몸을 보시하며, 저녁나절에 항하의
모래 수만큼 몸을 보시하여, 이와 같이 한량없는
시간동안 몸을 보시한다고 하자.

또 어떤 사람이 이 경의 말씀을 듣고 비방하지
않고 믿는다고 하자. 그러면 이 복은 저 복보다
더 뛰어나다. 하물며 이 경전을 베껴 쓰고 받고
지니고 읽고 외우고 다른 이를 위해 설명해
줌이랴!

수보리여! 간단하게 말하면 이 경에는 생각할
수도 없고 헤아릴 수도 없는 한없는 공덕이
있다. 여래는 대승에 나아가는 이를 위해 설하며
최상승에 나아가는 이를 위해 설한다.

어떤 사람이 이 경을 받고 지니고 읽고 외워

널리 다른 사람을 위해 설해 준다면 여래는 이 사람 들이 헤아릴 수 없고 말할 수 없으며 한없고 생각할 수 없는 공덕을 성취할 것임을 다 알고 다 본다.

이와 같은 사람들은 여래의 가장 높고 바른 깨달음을 감당하게 될 것이다.

왜냐하면 수보리여! 소승법을 좋아하는 자가 자아가 있다는 견해, 개아가 있다는 견해, 중생이 있다는 견해, 영혼이 있다는 견해에 집착한다면 이 경을 듣고 받고 읽고 외우며 다른 사람을 위해 설명해 주지 못하기 때문이다.

수보리여! 이 경전이 있는 곳은 어디든지 모든 세상의 천신·인간·아수라들에게 공양을 받을 것이다. 이곳은 바로 탑이 되리니 모두가 공경하고

예배하고 돌면서 그곳에 여러 가지 꽃과 향을
뿌릴 것임을 알아야 한다."

16. 업장을 맑히는 공덕

"또한 수보리여! 이 경을 받고 지니고 읽고
외우는 선남자 선여인이 남에게 천대와 멸시를
당한다면 이 사람이 전생에 지은 죄업으로는
악도에 떨어져야 마땅하겠지만, 금생에 다른
사람의 천대와 멸시를 받았기 때문에 전생의
죄업이 소멸되고 반드시 가장 높고 바른 깨달음을
얻게 될 것이다.

수보리여! 나는 연등부처님을 만나기 전
과거 한량없는 아승기겁 동안 팔백 사천 만억
나유타의 여러 부처님을 만나 모두 공양하고

받들어 섬기며 그냥 지나친 적이 없었음을
기억한다.

만일 어떤 사람이 정법이 쇠퇴할 때 이 경을 잘
받고 지니고 읽고 외워서 얻은 공덕에 비하면,
내가 여러 부처님께 공양한 공덕은 백에 하나에도
미치지 못하고 천에 하나 만에 하나 억에
하나에도 미치지 못하며 더 나아가서 어떤 셈이나
비유로도 미치지 못한다.

수보리여! 선남자 선여인이 정법이 쇠퇴할 때 이
경을 받고 지니고 읽고 외워서 얻는 공덕을 내가
자세히 말한다면, 아마도 이 말을 듣는 이는
마음이 어지러워서 의심하고 믿지 않을 것이다.

수보리여! 이 경은 뜻이 불가사의하며 그 과보도
불가사의함을 알아야 한다."

17. 궁극의 가르침, 무아

그때 수보리가 부처님께 여쭈었습니다.

"세존이시여! 가장 높고 바른 깨달음을 얻고자 하는 선남자 선여인은 어떻게 살아야 하며 어떻게 그 마음을 다스려야 합니까?"

부처님께서 수보리에게 말씀하셨습니다.

"가장 높고 바른 깨달음을 얻고자 하는 선남자 선여인은 이러한 마음을 일으켜야 한다.

'나는 일체 중생을 열반에 들게 하리라. 일체 중생을 열반에 들게 하였지만 실제로는 아무도 열반을 얻은 중생이 없다.'

왜냐하면 수보리여! 보살에게 자아가 있다는 관념, 개아가 있다는 관념, 중생이 있다는 관념, 영혼이 있다는 관념이 있다면 보살이 아니기 때문이다.

그것은 수보리여! 가장 높고 바른 깨달음에 나아가는 자라 할 법이 실제로 없는 까닭이다.

수보리여! 그대 생각은 어떠한가?

여래가 연등부처님 처소에서 얻은 가장 높고 바른 깨달음이라 할 법이 있었는가?"

"아닙니다, 세존이시여! 제가 부처님께서 말씀하신 뜻을 이해하기로는 부처님께서 연등부처님 처소에서 얻으신 가장 높고 바른 깨달음이라 할 법이 없습니다."

부처님께서 말씀하셨습니다.

"그렇다, 그렇다. 수보리여!

여래가 가장 높고 바른 깨달음을 얻은 법이 실제로 없다.

수보리여! 여래가 가장 높고 바른 깨달음을
얻은 법이 있었다면 연등부처님께서 내게
'그대는 내세에 석가모니라는 이름의 부처가 될
것이다.'라고 수기하지 않았을 것이다.

가장 높고 바른 깨달음을 얻은 법이 실제로
없었으므로 연등부처님께서 내게 '그대는
내세에는 반드시 석가모니라는 이름의 부처가 될
것이다.'라고 수기하셨던 것이다.

왜냐하면 여래는 모든 존재의 진실한 모습을
의미하기 때문이다.

어떤 사람이 여래가 가장 높고 바른 깨달음을
얻었다고 말한다면,

수보리여! 여래가 가장 높고 바른 깨달음을
얻은 법이 실제로 없다.

수보리여! 여래가 얻은 가장 높고 바른

깨달음에는 진실도 없고 거짓도 없다. 그러므로

여래는 '일체법이 모두 불법이다.'라고 설한다.

수보리여! 일체법이라 말한 것은 일체법이 아닌

까닭에 일체법이라 말한다.

수보리여! 예컨대 사람의 몸이 매우 큰 것과

같다."

수보리가 말하였습니다.

"세존이시여! 여래께서 사람의 몸이 매우 크다는

것은 큰 몸이 아니라고 설하셨으므로 큰 몸이라

말씀하셨습니다."

"수보리여! 보살도 역시 그러하다. '나는 반드시

한량없는 중생을 제도하리라.' 말한다면 보살이라

할 수 없다.

왜냐하면 수보리여! 보살이라 할 만한 법이 실제로 없기 때문이다. 그러므로 여래는 모든 법에 자아도 없고, 개아도 없고, 중생도 없고, 영혼도 없다고 설한 것이다.

수보리여! 보살이 '나는 반드시 불국토를 장엄하리라.' 말한다면 이는 보살이라 할 수 없다.

왜냐하면 여래는 불국토를 장엄한다는 것은 장엄하는 것이 아니라고 설하였으므로 장엄한다고 말하기 때문이다.

수보리여! 보살이 무아의 법에 통달한다면 여래는 이런 이를 진정한 보살이라 부른다."

18. 분별없이 관찰함

"수보리여! 그대 생각은 어떠한가? 여래에게

육안이 있는가?"

"그렇습니다, 세존이시여! 여래에게는 육안이 있습니다."

"수보리여! 그대 생각은 어떠한가? 여래에게 천안이 있는가?"

"그렇습니다, 세존이시여! 여래에게는 천안이 있습니다."

"수보리여! 그대 생각은 어떠한가? 여래에게 혜안이 있는가?"

"그렇습니다, 세존이시여! 여래에게는 혜안이 있습니다."

"수보리여! 그대 생각은 어떠한가? 여래에게 법안이 있는가?"

"그렇습니다, 세존이시여! 여래에게는 법안이

있습니다."

"수보리여! 그대 생각은 어떠한가? 여래에게
불안이 있는가?"

"그렇습니다, 세존이시여! 여래에게는 불안이
있습니다."

"수보리여! 그대 생각은 어떠한가? 여래는 항하의
모래에 대해서 설하였는가?"

"그렇습니다, 세존이시여! 여래는 이 모래에 대해
설하셨습니다."

"수보리여! 그대 생각은 어떠한가? 한 항하의
모래와 같이 이런 모래만큼의 항하가 있고, 이
여러 항하의 모래 수만큼 부처님 세계가 그만큼
있다면 진정 많다고 하겠는가?"

"매우 많습니다, 세존이시여!"

부처님께서 수보리에게 말씀하셨습니다.

"그 국토에 있는 중생의 여러 가지 마음을
여래는 다 안다.

왜냐하면 여래는 여러 가지 마음이 모두 다
마음이 아니라 설하였으므로 마음이라 말하기
때문이다. 그것은 수보리여! 과거의 마음도 얻을
수 없고 현재의 마음도 얻을 수 없고 미래의
마음도 얻을 수 없는 까닭이다."

19. 복덕아닌 복덕

"수보리여! 그대 생각은 어떠한가? 어떤 사람이
삼천대천세계에 칠보를 가득 채워 보시한다면 이
사람이 이러한 인연으로 많은 복덕을 얻겠는가?"

"그렇습니다, 세존이시여! 그 사람이 이러한

인연으로 매우 많은 복덕을 얻을 것입니다."

"수보리여! 복덕이 실로 있는 것이라면 여래는
많은 복덕을 얻는다고 말하지 않았을 것이다.
복덕이 없기 때문에 여래는 많은 복덕을 얻는다고
말한 것이다."

20. 모습과 특성의 초월

"수보리여! 그대 생각은 어떠한가? 신체적 특징을
원만하게 갖추었다고 여래라고 볼 수 있겠는가?"

"아닙니다, 세존이시여! 신체적 특징을 원만하게
갖추었다고 여래라고 볼 수는 없습니다.

왜냐하면 여래께서는 원만한 신체를 갖춘다는
것은 원만한 신체를 갖춘 것이 아니라고
설하셨으므로 원만한 신체를 갖춘 것이라고   '

말씀하셨기 때문입니다."

"수보리여! 그대 생각은 어떠한가? 신체적 특징을 갖추었다고 여래라고 볼 수 있겠는가?"

"아닙니다, 세존이시여! 신체적 특징을 갖추었다고 여래라고 볼 수는 없습니다.

왜냐하면 여래께서는 신체적 특징을 갖춘다는 것이 신체적 특징을 갖춘 것이 아니라고 설하셨으므로 신체적 특징을 갖춘 것이라고 말씀하셨기 때문입니다."

21. 설법 아닌 설법

"수보리여! 그대는 여래가 '나는 설한 법이 있다.'는 생각을 한다고 말하지 말라. 이런 생각을 하지 말라.

왜냐하면 '여래께서 설하신 법이 있다.'고 말한다면, 이 사람은 여래를 비방하는 것이니, 내가 설한 것을 이해하지 못했기 때문이다.

수보리여! 설법이라는 것은 설할 만한 법이 없는 것이므로 설법이라고 말한다."

그때 수보리 장로가 부처님께 여쭈었습니다.

"세존이시여! 미래에 이 법 설하심을 듣고 신심을 낼 중생이 조금이라도 있겠습니까?"

부처님께서 말씀하셨습니다.

"수보리여! 저들은 중생이 아니요 중생이 아닌 것도 아니다.

왜냐하면 수보리여! 중생 중생이라 하는 것은 여래가 중생이 아니라고 설하였으므로 중생이라 말하기 때문이다."

22. 얻을 것이 없는 법

수보리가 부처님께 여쭈었습니다.

"세존이시여! 부처님께서 가장 높고 바른 깨달음을 얻은 것은 법이 없는 것입니까?"

부처님께서 말씀하셨습니다.

"그렇다, 그렇다. 수보리여! 내가 가장 높고 바른 깨달음에서 조그마한 법조차도 얻을 만한 것이 없었으므로 가장 높고 바른 깨달음이라 말한다."

23. 관념을 떠난 선행

"또한 수보리여! 이 법은 평등하여 높고 낮은 것이 없으니, 이것을 가장 높고 바른 깨달음이라 말한다.

자아도 없고, 개아도 없고, 중생도 없고, 영혼도

없이 온갖 선법을 닦음으로써 가장 높고 바른
깨달음을 얻게 된다.

수보리여! 선법이라는 것은 선법이 아니라고
여래는 설하였으므로 선법이라 말한다."

24. 경전 수지가 최고 복덕

"수보리여! 삼천대천세계에 있는 산들의 왕
수미산 만큼의 칠보 무더기를 가지고 보시하는
사람이 있다고 하자.

또 이 반야바라밀경의 사구게 만이라도 받고
지니고 읽고 외워 다른 사람을 위해 설해 주는
사람이 있다고 하자.

그러면 앞의 복덕은 뒤의 복덕에 비해 백에
하나에도 미치지 못하고 천에 하나 만에 하나

억에 하나에도 미치지 못하며 더 나아가서 어떤
셈이나 비유로도 미치지 못한다."

25. 분별없는 교화

"수보리여! 그대 생각은 어떠한가? 그대들은
여래가 '나는 중생을 제도하리라.'는 생각을 한다고
말하지 말라. 수보리여! 이런 생각을 하지 말라.

왜냐하면 여래가 제도한 중생이 실제로 없기
때문이다. 만일 여래가 제도한 중생이 있다면,
여래에게도 자아 · 개아 · 중생 · 영혼이 있다는
집착이 있는 것이다.

수보리여! 자아가 있다는 집착은 자아가 있다는
집착이 아니라고 여래는 설하였다. 그렇지만
범부들이 자아가 있다고 집착한다.

수보리여! 범부라는 것도 여래는 범부가
아니라고 설하였다."

26. 신체적 특징을 떠난 여래

"수보리여! 그대 생각은 어떠한가? 서른두 가지
신체적 특징으로 여래라고 볼 수 있는가?"

수보리가 대답하였습니다.

"그렇습니다, 그렇습니다. 서른두 가지 신체적
특징으로도 여래라고 볼 수 있습니다."

부처님께서 말씀하셨습니다.

"수보리여! 서른두 가지 신체적 특징으로도
여래라고 볼 수 있다면 전륜성왕도 여래겠구나!"

수보리가 부처님께 말씀드렸습니다.

"세존이시여! 제가 부처님께서 말씀하신 뜻을

이해 하기로는, 서른두 가지 신체적 특징을
가지고는 여래를 볼 수 없습니다."

그때 세존께서 게송으로 말씀하셨습니다.

"형색으로 나를 보거나 음성으로 나를 찾으면
삿된 길 걸을 뿐 여래 볼 수 없으리."

27. 단절과 소멸의 초월

"수보리여! 그대가 '여래는 신체적 특징을
원만하게 갖추지 않았기 때문에 가장 높고 바른
깨달음을 얻은 것이다.'라고 생각한다면,

수보리여! '여래는 신체적 특징을 원만하게
갖추지 않았기 때문에 가장 높고 바른 깨달음을
얻은 것이다.'라고 생각하지 말라.

수보리여! 그대가 '가장 높고 바른 깨달음의

마음을 낸 자는 모든 법이 단절되고 소멸되어
버림을 주장한다.'고 생각한다면, 이런 생각을 하지
말라.

왜냐하면 가장 높고 바른 깨달음의 마음을 낸
자는 법에 대하여 단절되고 소멸된다는 관념을
말하지 않기 때문이다."

28. 탐착 없는 복덕

"수보리여! 보살이 항하의 모래 수만큼 세계에
칠보를 가득 채워 보시한다고 하자. 또 어떤
사람이 모든 법이 무아임을 알아 인욕을 성취
한다고 하자.

그러면 이 보살의 공덕은 앞의 보살이 얻은
공덕보다 더 뛰어나다.

수보리여! 모든 보살들은 복덕을 누리지 않기 때문이다."

수보리가 부처님께 여쭈었습니다.

"세존이시여! 어찌하여 보살이 복덕을 누리지 않습니까?"

"수보리여! 보살은 지은 복덕에 탐욕을 내거나 집착하지 않아야 하기 때문에 복덕을 누리지 않는다고 설한 것이다."

29. 오고 감이 없는 여래

"수보리여! 어떤 사람이 '여래는 오기도 하고 가기도 하며 앉기도 하고 눕기도 한다.'고 말한다면, 그 사람은 내가 설한 뜻을 이해하지 못한 것이다.

왜냐하면 여래란 오는 것도 없고 가는 것도
없으므로 여래라고 말하기 때문이다."

30. 부분과 전체의 참모습

"수보리여! 선남자 선여인이 삼천대천세계를
부수어 가는 티끌을 만든다면, 그대 생각은
어떠한가?

이 티끌들이 진정 많겠는가?"

"매우 많습니다, 세존이시여! 왜냐하면 티끌들이
실제로 있는 것이라면 여래께서는 티끌들이라고
말씀하지 않으셨을 것이기 때문입니다.
그것은 여래께서 티끌들은 티끌들이 아니라고
설하셨으므로 티끌들이라고 말씀하신 까닭입니다.
세존이시여! 여래께서 말씀하신 삼천대천세계는

세계가 아니므로 세계라 말씀하십니다.

왜냐하면 세계가 실제로 있는 것이라면 한 덩어리로 뭉쳐진 것이겠지만, 여래께서 한 덩어리로 뭉쳐진 것은 한 덩어리로 뭉쳐진 것이 아니라고 설하셨으므로 한 덩어리로 뭉쳐진 것이라 말씀하셨기 때문입니다."

"수보리여! 한 덩어리로 뭉쳐진 것은 말할 수가 없는 것인데 범부들이 그것을 탐내고 집착할 따름이다."

31. 내지 않아야 할 관념

"수보리여! 어떤 사람이 여래가 '자아가 있다는 견해, 개아가 있다는 견해, 중생이 있다는 견해, 영혼이 있다는 견해를 설했다.'고 말한다면,

수보리여! 그대 생각은 어떠한가? 이 사람이 내가 설한 뜻을 알았다 하겠는가?"

"아닙니다, 세존이시여! 그 사람은 여래께서 설한 뜻을 알지 못한 것입니다.

왜냐하면 세존께서는 자아가 있다는 견해, 개아가 있다는 견해, 중생이 있다는 견해, 영혼이 있다는 견해가 자아가 있다는 견해, 개아가 있다는 견해, 중생이 있다는 견해, 영혼이 있다는 견해가 아니라고 설하셨으므로 자아가 있다는 견해, 개아가 있다는 견해, 중생이 있다는 견해, 영혼이 있다는 견해라고 말씀하셨기 때문입니다."

"수보리여! 가장 높고 바른 깨달음을 얻고자 하는 이는 일체법에 대하여 이와 같이 알고, 이와 같이 보며, 이와 같이 믿고 이해하여 법이라는 관념을 내지 않아야 한다.

  수보리여! 법이라는 관념은 법이라는 관념이
아니라고 여래는 설하였으므로 법이라는 관념이라
말한다."

  32. 관념을 떠난 교화

  "수보리여! 어떤 사람이 한량없는 아승기 세계에
칠보를 가득 채워 보시한다고 하자. 또 보살의
마음을 낸 어떤 선남자 선여인이 이 경을 지니되
사구게만이라도 받고 지니고 읽고 외워 다른
사람을 위해 연설해 준다고 하자.

  그러면 이 복이 저 복보다 더 뛰어나다. 어떻게
남을 위해 설명해 줄 것인가? 설명해 준다는
관념에 집착하지 말고 흔들림 없이 설명해야 한다.

왜냐하면 일체 모든 유위법은

꿈·허깨비·물거품·그림자·이슬·번개 같으니

이렇게 관찰할지라."

부처님께서 이 경을 다 설하시고 나니, 수보리

장로와 비구·비구니·우바새·우바이와 모든

세상의 천신·인간·아수라들이 부처님의 말씀을

듣고 매우 기뻐하며 믿고 받들어 행하였습니다.

발원문

년 월 일

두손모음

금 강 경 (확고한 지혜의 완성에 이르는 길)

1. 법회의 인연

이와 같이 나는 들었습니다.

어느 때 부처님께서 거룩한 비구 천이백오십 명과 함께 사위국 기수급고독원에 계셨습니다.

그때 세존께서는 공양 때가 되어 가사를 입고 발우를 들고 걸식하고자 사위대성에 들어가셨습니다.

성 안에서 차례로 걸식하신 후 본래의 처소로 돌아와 공양을 드신 뒤 가사와 발우를 거두고 발을 씻으신 다음 자리를 펴고 앉으셨습니다.

2. 수보리가 법을 물음

그때 대중 가운데 있던 수보리 장로가 자리에서 일어나 오른쪽 어깨를 드러내고 오른 무릎을 땅에

대며 합장하고 공손히 부처님께 여쭈었습니다.

"경이롭습니다, 세존이시여!

여래께서는 보살들을 잘 보호해 주시며 보살들을 잘 격려해 주십니다. 세존이시여! 가장 높고 바른 깨달음을 얻고자 하는 선남자 선여인이 어떻게 살아야 하며 어떻게 그 마음을 다스려야 합니까?"

부처님께서 말씀하셨습니다.

"훌륭하고 훌륭하다. 수보리여! 그대의 말과 같이 여래는 보살들을 잘 보호해 주며 보살들을 잘 격려해 준다.

그대는 자세히 들어라. 그대에게 설하리라.

가장 높고 바른 깨달음을 얻고자 하는 선남자 선여인은 이와 같이 살아야 하며 이와 같이 그 마음을 다스려야 한다."

"예, 세존이시여!"라고 하며 수보리는 즐거이
듣고자 하였습니다.

3. 대승의 근본 뜻

부처님께서 수보리에게 말씀하셨습니다.

"모든 보살마하살은 다음과 같이 그 마음을
다스려야 한다.

'알에서 태어난 것이나, 태에서 태어난 것이나,
습기에서 태어난 것이나, 변화하여 태어난 것이나,
형상이 있는 것이나, 형상이 없는 것이나, 생각이
있는 것이나, 생각이 없는 것이나, 생각이 있는
것도 아니고 없는 것도 아닌 온갖 중생들을 내가
모두 완전한 열반에 들게 하리라.

이와 같이 헤아릴 수 없이 많은 중생을 열반에

들게 하였으나, 실제로는 완전한 열반을 얻은

중생이 아무도 없다.'

　왜냐하면 수보리여! 보살에게 자아가 있다는

관념, 개아가 있다는 관념, 중생이 있다는 관념,

영혼이 있다는 관념이 있다면 보살이 아니기

때문이다."

4. 집착 없는 보시

"또한 수보리여! 보살은 어떤 대상에도 집착 없이

보시해야 한다. 말하자면 형색에 집착 없이 보시

해야 하며 소리, 냄새, 맛, 감촉, 마음의 대상에도

집착 없이 보시해야 한다.

　수보리여! 보살은 이와 같이 보시하되 어떤

대상에 대한 관념에도 집착하지 않아야 한다.
왜냐하면 보살이 대상에 대한 관념에 집착 없이
보시한다면 그 복덕은 헤아릴 수 없기 때문이다.

  수보리여! 그대 생각은 어떠한가? 동쪽 허공을
헤아릴수 있겠는가?"

  "없습니다, 세존이시여!"

  "수보리여! 남서북방, 사이사이, 아래위 허공을
헤아릴 수 있겠는가?"

  "없습니다, 세존이시여!"

  "수보리여! 보살이 대상에 대한 관념에 집착하지
않고 보시하는 복덕도 이와 같이 헤아릴 수 없다.
수보리여! 보살은 반드시 가르친 대로 살아야
한다."

5. 여래의 참 모습

"수보리여! 그대 생각은 어떠한가? 신체적 특징을 가지고 여래라고 볼 수 있는가?"

"없습니다, 세존이시여! 신체적 특징을 가지고 여래라고 볼 수는 없습니다. 왜냐하면 여래께서 말씀하신 신체적 특징은 바로 신체적 특징이 아니기 때문입니다."

부처님께서 수보리에게 말씀하셨습니다.

"신체적 특징들은 모두 헛된 것이니 신체적 특징이 신체적 특징 아님을 본다면 바로 여래를 보리라."

6. 깊은 믿음

수보리가 부처님께 여쭈었습니다.

"세존이시여! 이와 같은 말씀을 듣고 진실한 믿음을 내는 중생들이 있겠습니까?"

부처님께서 수보리에게 말씀하셨습니다.

"그런 말 하지 말라. 여래가 열반에 든 오백년 뒤에도 계를 지니고 복덕을 닦는 이는 이러한 말에 신심을 낼 수 있고 이것을 진실한 말로 여길 것이다.

이 사람은 한 부처님이나 두 부처님, 서너 다섯 부처님께 선근을 심었을 뿐만 아니라 이미 한량없는 부처님 처소에서 여러 가지 선근을 심었으므로 이 말씀을 듣고 잠깐이라도 청정한 믿음을 내는 자임을 알아야 한다.

수보리여! 여래는 이러한 중생들이 이와 같이 한량없는 복덕 얻음을 다 알고 다 본다. 왜냐하면

이러한 중생들은 다시는 자아가 있다는 관념,

개아가 있다는 관념, 중생이 있다는 관념, 영혼이

있다는 관념이 없고, 법이라는 관념이 없으며 법이

아니라는 관념도 없기 때문이다.

왜냐하면 이러한 중생들이 마음에 관념을

가지면 자아·개아·중생·영혼에 집착하는 것이고

법이라는 관념을 가지면 자아·개아·중생·영혼에

집착하는 것이기 때문이다.

왜냐하면 법이 아니라는 관념을 가져도

자아·개아·중생 영혼에 집착하는 것이기

때문이다. 그러므로 법에 집착해도 안 되고 법

아닌 것에 집착해서도 안 된다.

그러기에 여래는 늘 설했다. 너희 비구들이여!

나의 설법은 뗏목과 같은 줄 알아라. 법도 버려야

하거늘 하물며 법 아닌 것이랴!"

7. 깨침과 설법이 없음

"수보리여! 그대 생각은 어떠한가? 여래가 가장 높고 바른 깨달음을 얻었는가? 여래가 설한 법이 있는가?"

수보리가 대답하였습니다.

"제가 부처님께서 말씀하신 뜻을 이해하기로는 가장 높고 바른 깨달음이라 할 만한 정해진 법이 없고, 또한 여래께서 설한 단정적인 법도 없습니다.

왜냐하면 여래께서 설한 법은 모두 얻을 수도 없고 설할 수도 없으며, 법도 아니고 법아님도 아니기 때문입니다. 그것은 모든 성현들이 다 무위법 속에서 차이가 있는 까닭입니다."

8. 부처와 깨달음의 어머니 금강경

"수보리여! 그대 생각은 어떠한가? 어떤 사람이 삼천대천 세계에 칠보를 가득 채워 보시한다면 이 사람의 복덕이 진정 많겠는가?"

수보리가 대답하였습니다.

"매우 많습니다, 세존이시여! 왜냐하면 이 복덕은 바로 복덕의 본질이 아닌 까닭에 여래께서는 복덕이 많다고 하셨기 때문입니다."

"다시 어떤 사람이 이 경의 사구게 만이라도 받고 지니고 다른 사람을 위해 설해 준다고 하자. 그러면 이 복이 저 복보다 더 뛰어나다.

왜냐하면 수보리여! 모든 부처님과 모든 부처님의 가장 높고 바른 깨달음의 법은 다 이 경에서 나왔기 때문이다. 수보리여! 부처의 가르침이라고 말하는 것은 부처의 가르침이 아니다."

　9. 관념과 그 관념의 부정

　"수보리여! 그대 생각은 어떠한가? 수다원이

'나는 수다원과를 얻었다.'고 생각하겠는가?"

　수보리가 대답하였습니다.

　"아닙니다, 세존이시여! 왜냐하면 수다원은

'성자의 흐름에 든 자'라고 불리지만 들어간 곳이

없으니 형색, 소리, 냄새, 맛, 감촉, 마음의 대상에

들어가지 않는 것을 수다원이라 하기 때문입니다."

　"수보리여! 그대 생각은 어떠한가? 사다함이

'나는 사다함과를 얻었다.'고 생각하겠는가?"

　수보리가 대답하였습니다.

　"아닙니다, 세존이시여! 왜냐하면 사다함은 '한

번만 돌아올 자'라고 불리지만 실로 돌아옴이

없는 것을 사다함이라 하기 때문입니다."

"수보리여! 그대 생각은 어떠한가? 아나함이

'나는 아나함과를 얻었다.'고 생각하겠는가?"

수보리가 대답하였습니다.

"아닙니다, 세존이시여! 왜냐하면 아나함은

'되돌아 오지 않는 자'라고 불리지만 실로

되돌아오지 않음이 없는 것을 아나함이라 하기

때문입니다."

"수보리여! 그대 생각은 어떠한가? 아라한이

'나는 아라한의 경지를 얻었다.'고 생각하겠는가?"

수보리가 대답하였습니다.

"아닙니다, 세존이시여! 왜냐하면 실제

아라한이라 할 만한 법이 없기 때문입니다.

세존이시여! 아라한이 '나는 아라한의 경지를 얻었다.'고 생각한다면 자아·개아·중생·영혼에 집착하는 것입니다.

세존이시여! 부처님께서 저를 다툼 없는 삼매를 얻은 사람 가운데 제일이고 욕망을 여읜 제일가는 아라한이라고 말씀하셨습니다. 저는 '나는 욕망을 여읜 아라한이다.'라고 생각하지 않습니다.

세존이시여! 제가 '나는 아라한의 경지를 얻었다.'고 생각한다면 세존께서는 '수보리는 적정행을 즐기는 사람이다. 수보리는 실로 적정행을 한 것이 없으므로 수보리는 적정행을 즐긴다고 말한다.'라고 설하지 않으셨을 것입니다."

10. 불국토의 장엄

부처님께서 수보리에게 말씀하셨습니다.

"그대 생각은 어떠한가? 여래가 옛적에 연등부처님 처소에서 법을 얻은 것이 있는가?"

"없습니다, 세존이시여! 여래께서 연등부처님 처소에서 실제로 법을 얻은 것이 없습니다."

"수보리여! 그대 생각은 어떠한가? 보살이 불국토를 아름답게 꾸미는가?"

"아닙니다, 세존이시여! 왜냐하면 불국토를 아름답게 꾸민다는 것은 아름답게 꾸미는 것이 아니므로 아름답게 꾸민다고 말하기 때문입니다."

"그러므로 수보리여! 모든 보살마하살은 이와 같이 깨끗한 마음을 내어야 한다. 형색에 집착하지 않고 마음을 내어야 하고 소리, 냄새, 맛, 감촉,

마음의 대상에도 집착하지 않고 마음을 내어야

한다. 마땅히 집착 없이 그 마음을 내어야 한다.

수보리여! 어떤 사람의 몸이 산들의 왕 수미산

만큼 크다면 그대 생각은 어떠한가? 그 몸이

크다고 하겠는가?"

수보리가 대답하였습니다.

"매우 큽니다, 세존이시여! 왜냐하면 부처님께서는

몸 아님을 설하셨으므로 큰 몸이라 말씀하셨기

때문입니다."

11. 무위법의 뛰어난 복덕

"수보리여! 항하의 모래 수만큼 항하가 있다면

그대 생각은 어떠한가? 이 모든 항하의 모래

수는 진정 많다고 하겠는가?"

수보리가 대답하였습니다.

"매우 많습니다, 세존이시여! 항하들만
해도 헤아릴 수 없이 많은데 하물며 그것의
모래이겠습니까?"

"수보리여! 내가 지금 진실한 말로 그대에게
말한다. 선남자 선여인이 그 항하 모래 수만큼의
삼천대천세계에 칠보를 가득 채워 보시한다면 그
복덕이 많겠는가?"

수보리가 대답하였습니다.

"매우 많습니다, 세존이시여!"

부처님께서 수보리에게 말씀하셨습니다.

"선남자 선여인이 이 경의 사구게 만이라도 받고
지니고 다른 사람을 위해 설해 준다면 이 복이 저
복보다 더 뛰어나다."

12. 올바른 가르침의 존중

"또한 수보리여! 이 경의 사구게만이라도 설해지는 곳곳마다 어디든지 모든 세상의 천신·인간·아수라가 마땅히 공양할 부처님의 탑묘 임을 알아야 한다. 하물며 이 경 전체를 받고 지니고 읽고 외우는 사람이랴!

수보리여! 이 사람은 가장 높고 가장 경이로운 법을 성취할 것임을 알아야 한다. 이와 같이 경전이 있는 곳은 부처님과 존경받는 제자들이 계시는 곳이다."

13. 이 경을 수지하는 방법

그때 수보리가 부처님께 여쭈었습니다.

"세존이시여! 이 경을 무엇이라 불러야 하며

저희들이 어떻게 받들어 지녀야 합니까?"

부처님께서 수보리에게 말씀하셨습니다.

"이 경의 이름은 '금강반야바라밀'이니, 이
제목으로 너희들은 받들어 지녀야 한다.

그것은 수보리여! 여래는 반야바라밀을
반야바라밀이 아니라 설하였으므로 반야바라밀
이라 말한 까닭이다.

수보리여! 그대 생각은 어떠한가?

여래가 설한 법이 있는가?" 수보리가 부처님께
말씀드렸습니다.

"세존이시여! 여래께서는 설하신 법이 없습니다."

"수보리여! 그대 생각은 어떠한가?
삼천대천세계를 이루고 있는 티끌이 많다고
하겠는가?"

수보리가 대답하였습니다.

"매우 많습니다, 세존이시여!"

"수보리여! 여래는 티끌들을 티끌이 아니라고 설하였으므로 티끌이라 말한다. 여래는 세계를 세계가 아니라고 설하였으므로 세계라고 말한다.

수보리여! 그대 생각은 어떠한가? 서른두 가지 신체적 특징을 가지고 여래라고 볼 수 있는가?"

"없습니다, 세존이시여! 서른두 가지 신체적 특징을 가지고 여래라고 볼 수는 없습니다. 왜냐하면 여래께서는 서른두 가지 신체적 특징은 신체적 특징이 아니라고 설하셨으므로 서른두 가지 신체적 특징이라고 말씀 하셨기 때문입니다."

"수보리여! 어떤 선남자 선여인이 항하의 모래 수만큼 목숨을 보시한다고 하자. 또 어떤 사람이

이 경의 사구게 만이라도 받고 지니고 다른 사람을 위해 설해 준다고 하자. 그러면 이 복이 저 복보다 더욱 많으리라."

14. 관념을 떠난 열반

그때 수보리가 이 경 설하심을 듣고 뜻을 깊이 이해하여 감격의 눈물을 흘리며 부처님께 말씀 드렸습니다.

"경이롭습니다, 세존이시여! 제가 지금까지 얻은 혜안으로는 부처님께서 이같이 깊이 있는 경전 설하심을 들은 적이 없습니다.

세존이시여! 만일 어떤 사람이 이 경을 듣고 믿음이 청정해지면 바로 궁극적 지혜가 일어날 것이니, 이 사람은 가장 경이로운 공덕을 성취할 것임을 알아야 합니다.

세존이시여! 이 궁극적 지혜라는 것은 궁극적 지혜가 아닌 까닭에 여래께서는 궁극적 지혜라고 말씀하셨습니다.

세존이시여! 제가 지금 이 같은 경전을 듣고서 믿고 이해하고 받고 지니기는 어렵지 않습니다. 그러나 미래 오백년 뒤에도 어떤 중생이 이 경전을 듣고 믿고 이해하고 받고 지닌다면 이 사람은 가장 경이로울 것입니다.

왜냐하면 이 사람은 자아가 있다는 관념, 개아가 있다는 관념, 중생이 있다는 관념, 영혼이 있다는 관념이 없기 때문입니다.

그것은 자아가 있다는 관념은 관념이 아니며, 개아가 있다는 관념, 중생이 있다는 관념, 영혼이

있다는 관념은 관념이 아닌 까닭입니다.

　왜냐하면 모든 관념을 떠난 이를 부처님이라 말하기 때문입니다."

　부처님께서 수보리에게 말씀하셨습니다.

　"그렇다, 그렇다. 만일 어떤 사람이 이 경을 듣고 놀라지도 않고 무서워하지도 않고 두려워하지도 않는다면 이 사람은 매우 경이로운 줄 알아야 한다.

　왜냐하면 수보리여! 여래는 최고의 바라밀을 최고의 바라밀이 아니라고 설하였으므로 최고의 바라밀이라 말하기 때문이다.

　수보리여! 인욕바라밀을 여래는 인욕바라밀이 아니라고 설하였다.

　왜냐하면 수보리여! 내가 옛적에 가리왕에게 온

몸을 마디마디 잘렸을 때, 나는 자아가 있다는 관념, 개아가 있다는 관념, 중생이 있다는 관념, 영혼이 있다는 관념이 없었기 때문이다.

왜냐하면 내가 옛날 마디마디 사지가 잘렸을 때, 자아가 있다는 관념, 개아가 있다는 관념, 중생이 있다는 관념, 영혼이 있다는 관념이 있었다면 성내고 원망하는 마음이 생겼을 것이기 때문이다.

수보리여! 여래는 과거 오백 생 동안 인욕 수행자였는데 그때 자아가 있다는 관념이 없었고, 개아가 있다는 관념이 없었고, 중생이 있다는 관념이 없었고, 영혼이 있다는 관념이 없었다.

그러므로 수보리여! 보살은 모든 관념을 떠나 가장 높고 바른 깨달음의 마음을 내어야 한다.

형색에 집착 없이 마음을 내어야 하며 소리,
냄새, 맛, 감촉, 마음의 대상에도 집착 없이
마음을 내어야 한다. 마땅히 집착 없이 마음을
내어야 한다. 마음에 집착이 있다면 그것은 올바른
삶이 아니다. 그러므로 보살은 형색에 집착 없는
마음으로 보시해야 한다고 여래는 설하였다.

수보리여! 보살은 모든 중생을 이롭게 하기 위해
이와 같이 보시해야 한다. 여래는 모든 중생이란
관념은 중생이란 관념이 아니라고 설하고, 또
모든 중생도 중생이 아니라고 설한다.

수보리여! 여래는 바른 말을 하는 이고, 참된
말을 하는 이며, 이치에 맞는 말을 하는 이고,
속임 없이 말하는 이며, 사실대로 말하는 이다.

수보리여! 여래가 얻은 법에는 진실도 없고

거짓도 없다.

수보리여! 보살이 대상에 집착하는 마음으로 보시하는 것은 마치 사람이 어둠 속에 들어가면 아무것도 볼 수 없는 것과 같고, 보살이 대상에 집착하지 않는 마음으로 보시하는 것은 마치 눈 있는 사람에게 햇빛이 밝게 비치면 갖가지 모양을 볼 수 있는 것과 같다.

수보리여! 미래에 선남자 선여인이 이 경전을 받고 지니고 읽고 외운다면 여래는 부처의 지혜로 이 사람들이 모두 한량없는 공덕을 성취하게 될 것임을 다 알고 다 본다."

15. 경을 수지하는 공덕

"수보리여! 선남자 선여인이 아침나절에 항하의

모래 수만큼 몸을 보시하고, 점심나절에 항하의
모래 수만큼 몸을 보시하며, 저녁나절에 항하의
모래 수만큼 몸을 보시하여, 이와 같이 한량없는
시간동안 몸을 보시한다고 하자.

또 어떤 사람이 이 경의 말씀을 듣고 비방하지
않고 믿는다고 하자. 그러면 이 복은 저 복보다
더 뛰어나다. 하물며 이 경전을 베껴 쓰고 받고
지니고 읽고 외우고 다른 이를 위해 설명해
줌이랴!

수보리여! 간단하게 말하면 이 경에는 생각할
수도 없고 헤아릴 수도 없는 한없는 공덕이
있다. 여래는 대승에 나아가는 이를 위해 설하며
최상승에 나아가는 이를 위해 설한다.

어떤 사람이 이 경을 받고 지니고 읽고 외워

널리 다른 사람을 위해 설해 준다면 여래는 이 사람 들이 헤아릴 수 없고 말할 수 없으며 한없고 생각할 수 없는 공덕을 성취할 것임을 다 알고 다 본다.

이와 같은 사람들은 여래의 가장 높고 바른 깨달음을 감당하게 될 것이다.

왜냐하면 수보리여! 소승법을 좋아하는 자가 자아가 있다는 견해, 개아가 있다는 견해, 중생이 있다는 견해, 영혼이 있다는 견해에 집착한다면 이 경을 듣고 받고 읽고 외우며 다른 사람을 위해 설명해 주지 못하기 때문이다.

수보리여! 이 경전이 있는 곳은 어디든지 모든 세상의 천신·인간·아수라들에게 공양을 받을 것이다. 이곳은 바로 탑이 되리니 모두가 공경하고

예배하고 돌면서 그곳에 여러 가지 꽃과 향을

뿌릴 것임을 알아야 한다."

16. 업장을 맑히는 공덕

"또한 수보리여! 이 경을 받고 지니고 읽고

외우는 선남자 선여인이 남에게 천대와 멸시를

당한다면 이 사람이 전생에 지은 죄업으로는

악도에 떨어져야 마땅하겠지만, 금생에 다른

사람의 천대와 멸시를 받았기 때문에 전생의

죄업이 소멸되고 반드시 가장 높고 바른 깨달음을

얻게 될 것이다.

수보리여! 나는 연등부처님을 만나기 전

과거 한량없는 아승기겁 동안 팔백 사천 만억

나유타의 여러 부처님을 만나 모두 공양하고

받들어 섬기며 그냥 지나친 적이 없었음을
기억한다.

　만일 어떤 사람이 정법이 쇠퇴할 때 이 경을 잘
받고 지니고 읽고 외워서 얻은 공덕에 비하면,
내가 여러 부처님께 공양한 공덕은 백에 하나에도
미치지 못하고 천에 하나 만에 하나 억에
하나에도 미치지 못하며 더 나아가서 어떤 셈이나
비유로도 미치지 못한다.

　수보리여! 선남자 선여인이 정법이 쇠퇴할 때 이
경을 받고 지니고 읽고 외워서 얻는 공덕을 내가
자세히 말한다면, 아마도 이 말을 듣는 이는
마음이 어지러워서 의심하고 믿지 않을 것이다.

　수보리여! 이 경은 뜻이 불가사의하며 그 과보도
불가사의함을 알아야 한다."

17. 궁극의 가르침, 무아

그때 수보리가 부처님께 여쭈었습니다.

"세존이시여! 가장 높고 바른 깨달음을 얻고자 하는 선남자 선여인은 어떻게 살아야 하며 어떻게 그 마음을 다스려야 합니까?"

부처님께서 수보리에게 말씀하셨습니다.

"가장 높고 바른 깨달음을 얻고자 하는 선남자 선여인은 이러한 마음을 일으켜야 한다.

'나는 일체 중생을 열반에 들게 하리라. 일체 중생을 열반에 들게 하였지만 실제로는 아무도 열반을 얻은 중생이 없다.'

왜냐하면 수보리여! 보살에게 자아가 있다는 관념, 개아가 있다는 관념, 중생이 있다는 관념, 영혼이 있다는 관념이 있다면 보살이 아니기 때문이다.

그것은 수보리여! 가장 높고 바른 깨달음에 나아가는 자라 할 법이 실제로 없는 까닭이다.

수보리여! 그대 생각은 어떠한가?

여래가 연등부처님 처소에서 얻은 가장 높고 바른 깨달음이라 할 법이 있었는가?"

"아닙니다, 세존이시여! 제가 부처님께서 말씀하신 뜻을 이해하기로는 부처님께서 연등부처님 처소에서 얻으신 가장 높고 바른 깨달음이라 할 법이 없습니다."

부처님께서 말씀하셨습니다.

"그렇다, 그렇다. 수보리여!

여래가 가장 높고 바른 깨달음을 얻은 법이 실제로 없다.

수보리여! 여래가 가장 높고 바른 깨달음을 얻은 법이 있었다면 연등부처님께서 내게 '그대는 내세에 석가모니라는 이름의 부처가 될 것이다.'라고 수기하지 않았을 것이다.

가장 높고 바른 깨달음을 얻은 법이 실제로 없었으므로 연등부처님께서 내게 '그대는 내세에는 반드시 석가모니라는 이름의 부처가 될 것이다.'라고 수기하셨던 것이다.

왜냐하면 여래는 모든 존재의 진실한 모습을 의미하기 때문이다.

어떤 사람이 여래가 가장 높고 바른 깨달음을 얻었다고 말한다면,

수보리여! 여래가 가장 높고 바른 깨달음을 얻은 법이 실제로 없다.

수보리여! 여래가 얻은 가장 높고 바른 깨달음에는 진실도 없고 거짓도 없다. 그러므로 여래는 '일체법이 모두 불법이다.'라고 설한다.

수보리여! 일체법이라 말한 것은 일체법이 아닌 까닭에 일체법이라 말한다.

수보리여! 예컨대 사람의 몸이 매우 큰 것과 같다."

수보리가 말하였습니다.

"세존이시여! 여래께서 사람의 몸이 매우 크다는 것은 큰 몸이 아니라고 설하셨으므로 큰 몸이라 말씀하셨습니다."

"수보리여! 보살도 역시 그러하다. '나는 반드시 한량없는 중생을 제도하리라.' 말한다면 보살이라 할 수 없다.

왜냐하면 수보리여! 보살이라 할 만한 법이 실제로 없기 때문이다. 그러므로 여래는 모든 법에 자아도 없고, 개아도 없고, 중생도 없고, 영혼도 없다고 설한 것이다.

수보리여! 보살이 '나는 반드시 불국토를 장엄하리라.' 말한다면 이는 보살이라 할 수 없다.

왜냐하면 여래는 불국토를 장엄한다는 것은 장엄하는 것이 아니라고 설하였으므로 장엄한다고 말하기 때문이다.

수보리여! 보살이 무아의 법에 통달한다면 여래는 이런 이를 진정한 보살이라 부른다."

18. 분별없이 관찰함

"수보리여! 그대 생각은 어떠한가? 여래에게

육안이 있는가?"

"그렇습니다, 세존이시여! 여래에게는 육안이 있습니다."

"수보리여! 그대 생각은 어떠한가? 여래에게 천안이 있는가?"

"그렇습니다, 세존이시여! 여래에게는 천안이 있습니다."

"수보리여! 그대 생각은 어떠한가? 여래에게 혜안이 있는가?"

"그렇습니다, 세존이시여! 여래에게는 혜안이 있습니다."

"수보리여! 그대 생각은 어떠한가? 여래에게 법안이 있는가?"

"그렇습니다, 세존이시여! 여래에게는 법안이

있습니다."

"수보리여! 그대 생각은 어떠한가? 여래에게
불안이 있는가?"

"그렇습니다, 세존이시여! 여래에게는 불안이
있습니다."

"수보리여! 그대 생각은 어떠한가? 여래는 항하의
모래에 대해서 설하였는가?"

"그렇습니다, 세존이시여! 여래는 이 모래에 대해
설하셨습니다."

"수보리여! 그대 생각은 어떠한가? 한 항하의
모래와 같이 이런 모래만큼의 항하가 있고, 이
여러 항하의 모래 수만큼 부처님 세계가 그만큼
있다면 진정 많다고 하겠는가?"

"매우 많습니다, 세존이시여!"

부처님께서 수보리에게 말씀하셨습니다.

"그 국토에 있는 중생의 여러 가지 마음을 여래는 다 안다.

왜냐하면 여래는 여러 가지 마음이 모두 다 마음이 아니라 설하였으므로 마음이라 말하기 때문이다. 그것은 수보리여! 과거의 마음도 얻을 수 없고 현재의 마음도 얻을 수 없고 미래의 마음도 얻을 수 없는 까닭이다."

19. 복덕아닌 복덕

"수보리여! 그대 생각은 어떠한가? 어떤 사람이 삼천대천세계에 칠보를 가득 채워 보시한다면 이 사람이 이러한 인연으로 많은 복덕을 얻겠는가?"

"그렇습니다, 세존이시여! 그 사람이 이러한

인연으로 매우 많은 복덕을 얻을 것입니다."

"수보리여! 복덕이 실로 있는 것이라면 여래는 많은 복덕을 얻는다고 말하지 않았을 것이다. 복덕이 없기 때문에 여래는 많은 복덕을 얻는다고 말한 것이다."

20. 모습과 특성의 초월

"수보리여! 그대 생각은 어떠한가? 신체적 특징을 원만하게 갖추었다고 여래라고 볼 수 있겠는가?"

"아닙니다, 세존이시여! 신체적 특징을 원만하게 갖추었다고 여래라고 볼 수는 없습니다.

왜냐하면 여래께서는 원만한 신체를 갖춘다는 것은 원만한 신체를 갖춘 것이 아니라고 설하셨으므로 원만한 신체를 갖춘 것이라고 말씀하셨기 때문입니다."

"수보리여! 그대 생각은 어떠한가? 신체적 특징을 갖추었다고 여래라고 볼 수 있겠는가?"

"아닙니다, 세존이시여! 신체적 특징을 갖추었다고 여래라고 볼 수는 없습니다.

왜냐하면 여래께서는 신체적 특징을 갖춘다는 것이 신체적 특징을 갖춘 것이 아니라고 설하셨으므로 신체적 특징을 갖춘 것이라고 말씀하셨기 때문입니다."

21. 설법 아닌 설법

"수보리여! 그대는 여래가 '나는 설한 법이 있다.'는 생각을 한다고 말하지 말라. 이런 생각을 하지 말라.

왜냐하면 '여래께서 설하신 법이 있다.'고

말한다면, 이 사람은 여래를 비방하는 것이니,

내가 설한 것을 이해하지 못했기 때문이다.

수보리여! 설법이라는 것은 설할 만한 법이 없는

것이므로 설법이라고 말한다."

그때 수보리 장로가 부처님께 여쭈었습니다.

"세존이시여! 미래에 이 법 설하심을 듣고 신심을

낼 중생이 조금이라도 있겠습니까?"

부처님께서 말씀하셨습니다.

"수보리여! 저들은 중생이 아니요 중생이 아닌

것도 아니다.

왜냐하면 수보리여! 중생 중생이라 하는 것은

여래가 중생이 아니라고 설하였으므로 중생이라

말하기 때문이다."

22. 얻을 것이 없는 법

수보리가 부처님께 여쭈었습니다.

"세존이시여! 부처님께서 가장 높고 바른 깨달음을 얻은 것은 법이 없는 것입니까?"

부처님께서 말씀하셨습니다.

"그렇다, 그렇다. 수보리여! 내가 가장 높고 바른 깨달음에서 조그마한 법조차도 얻을 만한 것이 없었으므로 가장 높고 바른 깨달음이라 말한다."

23. 관념을 떠난 선행

"또한 수보리여! 이 법은 평등하여 높고 낮은 것이 없으니, 이것을 가장 높고 바른 깨달음이라 말한다.

자아도 없고, 개아도 없고, 중생도 없고, 영혼도

없이 온갖 선법을 닦음으로써 가장 높고 바른

깨달음을 얻게 된다.

수보리여! 선법이라는 것은 선법이 아니라고

여래는 설하였으므로 선법이라 말한다."

24. 경전 수지가 최고 복덕

"수보리여! 삼천대천세계에 있는 산들의 왕

수미산 만큼의 칠보 무더기를 가지고 보시하는

사람이 있다고 하자.

또 이 반야바라밀경의 사구게 만이라도 받고

지니고 읽고 외워 다른 사람을 위해 설해 주는

사람이 있다고 하자.

그러면 앞의 복덕은 뒤의 복덕에 비해 백에

하나에도 미치지 못하고 천에 하나 만에 하나

억에 하나에도 미치지 못하며 더 나아가서 어떤 셈이나 비유로도 미치지 못한다."

25. 분별없는 교화

"수보리여! 그대 생각은 어떠한가? 그대들은 여래가 '나는 중생을 제도하리라.'는 생각을 한다고 말하지 말라. 수보리여! 이런 생각을 하지 말라.

왜냐하면 여래가 제도한 중생이 실제로 없기 때문이다. 만일 여래가 제도한 중생이 있다면, 여래에게도 자아·개아·중생·영혼이 있다는 집착이 있는 것이다.

수보리여! 자아가 있다는 집착은 자아가 있다는 집착이 아니라고 여래는 설하였다. 그렇지만 범부들이 자아가 있다고 집착한다.

수보리여! 범부라는 것도 여래는 범부가

아니라고 설하였다."

26. 신체적 특징을 떠난 여래

"수보리여! 그대 생각은 어떠한가? 서른두 가지

신체적 특징으로 여래라고 볼 수 있는가?"

수보리가 대답하였습니다.

"그렇습니다, 그렇습니다. 서른두 가지 신체적

특징으로도 여래라고 볼 수 있습니다."

부처님께서 말씀하셨습니다.

"수보리여! 서른두 가지 신체적 특징으로도

여래라고 볼 수 있다면 전륜성왕도 여래겠구나!"

수보리가 부처님께 말씀드렸습니다.

"세존이시여! 제가 부처님께서 말씀하신 뜻을

이해 하기로는, 서른두 가지 신체적 특징을 가지고는 여래를 볼 수 없습니다."

그때 세존께서 게송으로 말씀하셨습니다.

"형색으로 나를 보거나 음성으로 나를 찾으면 삿된 길 걸을 뿐 여래 볼 수 없으리."

27. 단절과 소멸의 초월

"수보리여! 그대가 '여래는 신체적 특징을 원만하게 갖추지 않았기 때문에 가장 높고 바른 깨달음을 얻은 것이다.'라고 생각한다면,

수보리여! '여래는 신체적 특징을 원만하게 갖추지 않았기 때문에 가장 높고 바른 깨달음을 얻은 것이다.'라고 생각하지 말라.

수보리여! 그대가 '가장 높고 바른 깨달음의

마음을 낸 자는 모든 법이 단절되고 소멸되어 버림을 주장한다.'고 생각한다면, 이런 생각을 하지 말라.

왜냐하면 가장 높고 바른 깨달음의 마음을 낸 자는 법에 대하여 단절되고 소멸된다는 관념을 말하지 않기 때문이다."

28. 탐착 없는 복덕

"수보리여! 보살이 항하의 모래 수만큼 세계에 칠보를 가득 채워 보시한다고 하자. 또 어떤 사람이 모든 법이 무아임을 알아 인욕을 성취한다고 하자.

그러면 이 보살의 공덕은 앞의 보살이 얻은 공덕보다 더 뛰어나다.

수보리여! 모든 보살들은 복덕을 누리지 않기 때문이다."

수보리가 부처님께 여쭈었습니다.

"세존이시여! 어찌하여 보살이 복덕을 누리지 않습니까?"

"수보리여! 보살은 지은 복덕에 탐욕을 내거나 집착하지 않아야 하기 때문에 복덕을 누리지 않는다고 설한 것이다."

29. 오고 감이 없는 여래

"수보리여! 어떤 사람이 '여래는 오기도 하고 가기도 하며 앉기도 하고 눕기도 한다.'고 말한다면, 그 사람은 내가 설한 뜻을 이해하지 못한 것이다.

왜냐하면 여래란 오는 것도 없고 가는 것도
없으므로 여래라고 말하기 때문이다."

30. 부분과 전체의 참모습

"수보리여! 선남자 선여인이 삼천대천세계를
부수어 가는 티끌을 만든다면, 그대 생각은
어떠한가?

이 티끌들이 진정 많겠는가?"

"매우 많습니다, 세존이시여! 왜냐하면 티끌들이
실체로 있는 것이라면 여래께서는 티끌들이라고
말씀하지 않으셨을 것이기 때문입니다.

그것은 여래께서 티끌들은 티끌들이 아니라고
설하셨으므로 티끌들이라고 말씀하신 까닭입니다.

세존이시여! 여래께서 말씀하신 삼천대천세계는

세계가 아니므로 세계라 말씀하십니다.

왜냐하면 세계가 실제로 있는 것이라면 한 덩어리로 뭉쳐진 것이겠지만, 여래께서 한 덩어리로 뭉쳐진 것은 한 덩어리로 뭉쳐진 것이 아니라고 설하셨으므로 한 덩어리로 뭉쳐진 것이라 말씀하셨기 때문입니다."

"수보리여! 한 덩어리로 뭉쳐진 것은 말할 수가 없는 것인데 범부들이 그것을 탐내고 집착할 따름이다."

31. 내지 않아야 할 관념

"수보리여! 어떤 사람이 여래가 '자아가 있다는 견해, 개아가 있다는 견해, 중생이 있다는 견해, 영혼이 있다는 견해를 설했다.'고 말한다면,

수보리여! 그대 생각은 어떠한가? 이 사람이 내가 설한 뜻을 알았다 하겠는가?"

"아닙니다, 세존이시여! 그 사람은 여래께서 설한 뜻을 알지 못한 것입니다.

왜냐하면 세존께서는 자아가 있다는 견해, 개아가 있다는 견해, 중생이 있다는 견해, 영혼이 있다는 견해가 자아가 있다는 견해, 개아가 있다는 견해, 중생이 있다는 견해, 영혼이 있다는 견해가 아니라고 설하셨으므로 자아가 있다는 견해, 개아가 있다는 견해, 중생이 있다는 견해, 영혼이 있다는 견해라고 말씀하셨기 때문입니다."

"수보리여! 가장 높고 바른 깨달음을 얻고자 하는 이는 일체법에 대하여 이와 같이 알고, 이와 같이 보며, 이와 같이 믿고 이해하여 법이라는 관념을 내지 않아야 한다.

  수보리여! 법이라는 관념은 법이라는 관념이
아니라고 여래는 설하였으므로 법이라는 관념이라
말한다."

  32. 관념을 떠난 교화

  "수보리여! 어떤 사람이 한량없는 아승기 세계에
칠보를 가득 채워 보시한다고 하자. 또 보살의
마음을 낸 어떤 선남자 선여인이 이 경을 지니되
사구게만이라도 받고 지니고 읽고 외워 다른
사람을 위해 연설해 준다고 하자.

  그러면 이 복이 저 복보다 더 뛰어나다. 어떻게
남을 위해 설명해 줄 것인가? 설명해 준다는
관념에 집착하지 말고 흔들림 없이 설명해야 한다.

왜냐하면 일체 모든 유위법은

꿈·허깨비·물거품·그림자·이슬·번개 같으니

이렇게 관찰할지라."

　부처님께서 이 경을 다 설하시고 나니, 수보리

장로와 비구·비구니·우바새·우바이와 모든

세상의 천신·인간·아수라들이 부처님의 말씀을

듣고 매우 기뻐하며 믿고 받들어 행하였습니다.

사 경 끝 난 날   년 월 일

두 손 모 음

한글사경

금 강 경

————————

1판 1쇄 찍은 날 2022년 4월 20일
1판 1쇄 펴낸 날 2022년 4월 25일

————————

펴 낸 이 장재수
편찬위원 박윤필
기   획 김익현
제   작 디자인/백한수, 편집/백승웅
펴 낸 곳 (주) 화엄북스
주   소 경기도 고양시 일산동구 노첨길56번길 63-9
전   화 031 901 9755, 팩   스 031 901 9766
이 메 일 eg9396@naver.com

————————

출판등록 제2021-000181호
ISBN 979-11-977514-2-4 (13220)

정가 9,000원